Niños muy sensibles y emocionales

Cómo acompañar, educar, apoyar y fortalecer amorosamente a tu hijo - Altamente sensible y feliz

Maria Groninga

CONTENIDO

Qué puedes esperar de este libro

"Un niño es tan sensible". - ¿Y qué? ¿Qué tiene de malo? Puede que tu hijo incluso pertenezca al grupo de personas muy sensibles. Por desgracia, "ser sensible" suele pronunciarse con un matiz negativo. Puede que te hayas dado cuenta de que tu hijo percibe determinados estímulos, no importa a qué nivel, con especial intensidad o incluso con más facilidad que tú. También puede ser que tu hijo se retraiga más a menudo, quiera estar solo o grite y se enfurezca de un segundo a otro. ¿Pero esto convierte a tu hijo en un "niño muy sensible"? Y si es así, ¿cómo puedes afrontarlo y acompañarlo y apoyarlo en su especial vida emocional? ¿Se educa de forma diferente a un niño muy sensible? Las preguntas relativas a la vida cotidiana en un jardín de infancia o a la experiencia escolar de los niños altamente sensibles también tienen respuesta en este libro. Además, entras a formar parte de un proceso que empieza contigo misma y que pretende acercarte a tu hijo.

Elaine Aron, que ha contribuido decisivamente a que se preste más atención a la alta sensibilidad, dijo en una ocasión lo siguiente:

"Para criar a un niño excepcional, tienes que estar dispuesto a comprometerte con un niño excepcional".

Informándote aquí, ya estás empezando a implicarte en el tema de la alta sensibilidad. Si sospechas que tu hijo es altamente sensible, acude a tu pediatra o infórmate en las asociaciones adecuadas.

1. ¿en qué momento se habla de alta sensibilidad?

Antes de examinar lo que significa ser muy sensible, veamos primero qué significa el término "sensible". El término procede del latín y se traduce como "sensible". Si echamos un vistazo al diccionario Duden, sensible también se define como sensible y, además, que una persona tiene una sensibilidad especial. Además, también existe la explicación "sensible al dolor y a los estímulos del exterior". Entre los sinónimos se incluyen los siguientes términos: sensible, sutil, con tacto, respetuoso.

1.1 ORIGEN DE LA ALTA SENSIBILIDAD

El término alta sensibilidad aún no está muy extendido y sólo fue reconocido y definido conceptualmente por Elaine Aron en un estudio de 1991. Aunque ya había habido observaciones en este ámbito, fue Aron quien acuñó el término.

En una entrevista realizada durante tres horas a 40 personas, independientemente de su sexo, edad y origen social, se debían averiguar las características básicas. Estas entrevistas sirvieron de base para un cuestionario que se realizó a más de mil personas. Dicho cuestionario todavía puede rellenarse hoy en día. Sin embargo, no se recomienda el autodiagnóstico, sino un intercambio profesional con un psicólogo.

Se calcula que hasta un 20% de todas las personas son altamente sensibles. Se supone que las personas altamente sensibles tienen per se un umbral de estímulo más bajo y que, por tanto, esto también representa una disposición biológica. Sin embargo, no puede darse por sentado que sea hereditaria. Se trata más bien de una predisposición genética que puede florecer o no.

1.2 CAUSAS

Pero, ¿de dónde viene esta alta sensibilidad? De hecho, tu hijo ya nace con ella. Es una predisposición y, por tanto, a menudo está preprogramada genéticamente. Así, las personas muy sensibles siempre se encuentran en una familia en línea recta. Sin embargo, los traumas también pueden provocar una alta sensibilidad.

El sistema nervioso está especialmente receptivo y sensible, y los reflejos también están significativamente más activos, lo que significa que el dolor se siente con más intensidad. Todo esto se demostró en un estudio neurocientífico en 2011. También se estableció que las personas altamente sensibles no son tímidas per se. Esto sólo puede ocurrir cuando el entorno no puede afrontarlo adecuadamente y entonces los afectados se retraen.

Sin embargo, todas estas explicaciones siguen siendo hasta ahora más bien conjeturas, ya que el campo de la alta sensibilidad es aún muy joven y quedan muchas preguntas abiertas. Se está investigando mucho sobre qué y cómo se manifiesta este fenómeno, pero hasta ahora se ha prestado bastante poca atención a las causas.

1.3 SER MUY SENSIBLE - O SIMPLEMENTE SENTIR MUCHO

¿Mi hijo es ahora muy sensible porque, sencillamente, no puede manejar tan bien los estímulos? Echemos un vistazo a lo que constituye la alta sensibilidad en general.

La alta sensibilidad es una disposición. Los órganos sensoriales no difieren de los de otros niños. Tu hijo nace con este rasgo de temperamento.

"Cada día es como una feria para mí". "Sólo oler el desodorante de mi marido me da migraña". "El ruido del ordenador de la oficina vecina me vuelve loca". Ésta es una pequeña muestra de declaraciones de personas muy sensibles.

En primer lugar, puede decirse que los estímulos se perciben más intensamente y, por tanto, se procesan de forma más variada. Los sentimientos y los sentidos se activan de forma más directa. Esta intensidad es mucho mayor de lo habitual, lo que a su vez suele hacer que esas personas parezcan "diferentes". Desde un punto de vista neurológico, las personas muy sensibles realizan una enorme cantidad de procesamiento en el cerebro. Todo lo que se recibe en forma de impresiones se clasifica, evalúa, analiza en su increíble cantidad y variedad, y sólo entonces se transmite como información. No hay una clasificación primaria: cada sonido, cada olor, simplemente todo se absorbe, se procesa y se transmite. Esto ya suena increíblemente agotador y los neurólogos también lo describen como un fenómeno.

La alta sensibilidad debe considerarse un don. Quien puede percibir tanto es especial, pero, por supuesto, también está muy condicionado e influido por ello en su vida cotidiana. Con el tiempo, también hay que procesar una avalancha de impresiones sin clasificar, lo que a su vez puede llevar a que el cerebro se sobrecargue en algún momento. Esto se llama sobreestimulación.

Además de la falta de selección de impresiones de cualquier tipo, a las personas muy sensibles también les resulta difícil establecer prioridades. ¿Qué es importante? Cada mínima tarea se hace muy concienzudamente, o mejor dicho, perfectamente. Pero esto también es una gran desventaja cuando se trata de tareas que hay que marcar rápidamente. El valor de dejar huecos es impensable para una persona muy sensible.

Puede decirse que las personas muy sensibles perciben los matices finos antes que los demás, lo que puede ser una clara ventaja. Por otra parte, sin embargo, pueden sentirse abrumadas rápidamente porque absorben muchas impresiones sin filtrar.

Antes de profundizar en los efectos positivos de la alta sensibilidad, pero también en la sobreestimulación infantil, debemos mostrar cómo se diferencia la alta sensibilidad del autismo y del AD(H)S. Puesto que en estos casos se encuentran repetidamente rasgos de comportamiento similares, la diferenciación es de gran importancia para un apoyo adecuado.

1.4. DIFERENCIA CON AUTISMO DE ASPERGER

Puede que ciertos hechos y comportamientos que se han descrito hasta ahora sobre las personas altamente sensibles te recuerden a las personas con autismo de Asperger. Es muy difícil distinguir claramente entre estos dos fenómenos. En primer lugar: el síndrome de Asperger es un trastorno. Se puede diagnosticar médicamente porque existen pruebas estandarizadas. La alta sensibilidad, en cambio, es un rasgo de la personalidad. Sin embargo, ambos están genéticamente predispuestos. En comparación, hay más niños que niñas con síndrome de Asperger. En el caso de la alta sensibilidad, no hay ningún sexo que tenga más probabilidades de padecerla. Lo que es común a ambos es que tienen un sentido especial para los detalles, que las situaciones desafiantes pueden resultar abrumadoras o que los encuentros sociales no son fáciles de afrontar. Se especula que muchos autistas de Asperger también muestran una alta sensibilidad, pero al revés no suele ser tan frecuente. Aquí no hay un límite claro que trazar.

Las personas con autismo de Asperger a menudo se sienten como extraños en este planeta y tienen su propio mundo de sentimientos y pensamientos, difícil de entender para los de fuera. Las personas muy sensibles también tienen que luchar contra la sobreestimulación, pero pueden manejarla con más habilidad que los autistas de Asperger. Asimismo, pueden conversar bien y, de hecho, les gusta conversar con otras personas y disfrutar del contacto social. Desde el punto de vista lingüístico, ambos grupos destacan. Un niño con autismo de Asperger utiliza un vocabulario poco habitual, atípico para su edad, y su gramática también suele ser exagerada. Un niño altamente sensible, en cambio, sorprende a nivel de contenido en sus narraciones. Sobre todo con personas conocidas, florecen de verdad. Sí, la proximidad es un gran problema para las personas altamente sensibles, pero siempre pueden afrontarlo de alguna manera. Lo que ambos tienen en común es que suelen tener pocos amigos, que piensan mucho en imágenes, rituales amorosos, que les son útiles, y ambos sólo pueden decidir con gran dificultad.

Una diferencia muy clara es la capacidad de empatizar. Mientras que los autistas de Asperger tienen muy poca o ninguna de esta capacidad, las personas muy sensibles pueden empatizar y simpatizar muy bien con los demás. A veces, incluso casi demasiado. Asimismo, precisamente las personas altamente sensibles tienen un gran talento para percibir los matices interpersonales más sutiles en las expresiones faciales, los gestos, el tono de voz, etc. Un autista de Asperger no puede hacer eso. Por eso, un niño con autismo de Asperger necesita reglas claras, porque siempre se las toma al pie de la letra. Los niños muy sensibles son capaces de entender la ironía, fijarse en los procedimientos y reconocer las normas aunque no estén escritas en ningún sitio.

Por ejemplo, si un niño muestra una fuerte incomodidad con los materiales, las consistencias o incluso la proximidad física, suele ser una característica del autismo de Asperger. Sin embargo, los niños muy sensibles también pueden mostrar esta característica. Dado que el autismo de Asperger puede diagnosticarse con ayuda de pruebas, es muy posible estar seguro si sospechas que tu hijo lo padece. Procede con sensibilidad, pues tu hijo ya siente o piensa que puede haber algo raro en él.

1,5 DIFERENCIA CON AD(H)S

No es raro que se mencione la alta sensibilidad cuando se habla de AD(H)S. No obstante, ambas características se definen por separado. No obstante, ambas características se definen y denominan por separado. Los niños con EA(H)S y los niños altamente sensibles tienen en común que son muy receptivos a los estímulos de su vida cotidiana. Asimismo, ambos grupos tienen que adaptarse enormemente a diario para poder desenvolverse hasta cierto punto en nuestro mundo acelerado e inundado de estímulos. Se enfrentan a encajar en normas y actuaciones esperadas y, además, a procesar su propia vida emocional y su percepción de otras personas y, si es necesario, a equilibrarse y mantenerse siempre relajados.

No es fácil distinguir enseguida los dos fenómenos cuando se tienen sospechas sobre un niño. Una diferencia, sin embargo, es que a los niños con AD(H)S les resulta muy difícil concentrarse y lo hacen constantemente. Incluso cuando todo a su alrededor está en silencio, este niño no puede concentrarse. En cambio, un niño muy sensible es un maestro de la concentración. Pueden tratar temas y tareas con gran cuidado y perseverancia. A los niños muy sensibles también les resulta más fácil poner en práctica lo que ya han aprendido y hacerlo sin ayuda. Los niños con AD(H)S dependen de la ayuda durante mucho más tiempo o incluso permanentemente. Si ambos niños se distraen con un estímulo fuerte, al niño con TDA(H)S le resulta difícil o incluso imposible volver a la tarea original. Los niños muy sensibles también pueden distraerse, pero luego pueden retomar la tarea donde la dejaron. Si un niño muy sensible se ve sometido a presión y estrés, puede mostrar un comportamiento similar al de un niño con TDAH. Entonces también se vuelven inquietos y no pueden mantener la concentración.

Otra diferencia se hace evidente cuando ambos niños tienen que ordenar algo. Los niños muy sensibles ordenan las cosas de forma muy ordenada, parece como si tuvieran una lógica interna. A los niños muy sensibles les gusta mucho que las cosas estén ordenadas. Para los niños con EA(H)S, ordenar es un gran reto. Si cae en sus manos un juguete que les llama la atención, ya no saben que deben ordenar y quieren jugar. En la vida escolar cotidiana, ambos niños llaman la atención porque no participan en lo que ocurre. La diferencia, sin embargo, es que a los niños muy sensibles les gusta soñar despiertos, piensan mucho e intentan clasificar las impresiones y también procesarlas. Los niños con AD(H)S tienden a mostrar un comportamiento errático. Como se ha descrito en el caso del orden, otra cosa puede gustarles muy rápidamente y entonces tienen que jugar con ella, por ejemplo. Además, estos niños también buscan conscientemente la variedad y empiezan activamente algo nuevo. En general, sin embargo, no se puede excluir la posibilidad de que un niño con EA(H)S pueda ser también muy sensible. Por otra parte, esto no suele ocurrir. Así pues, la alta sensibilidad puede ser una característica del SDA(H).

- La alta sensibilidad está genéticamente predispuesta.
- La alta sensibilidad es un rasgo del temperamento.
- Se supone que hasta un 20% de las personas son muy sensibles.
- Las personas muy sensibles perciben con especial intensidad. Esto puede referirse a sonidos, tacto, olores, temperatura, materiales y mucho más. Asimismo,

pueden percibir todas estas cosas intensamente o sólo una de ellas. El grado de expresión puede ser muy individual.

- Todas las impresiones externas son absorbidas y procesadas sin filtrar, lo que resulta increíblemente agotador para las personas muy sensibles.

- La sobreestimulación se produce cuando una persona muy sensible no tiene oportunidad de calmarse o retraerse. Esta avalancha concentrada de impresiones que hay que procesar es sencillamente demasiado en un momento determinado.

- Existen similitudes entre la alta sensibilidad y el AD(H)S y también con el autismo de Asperger. Hay que intentar diferenciar entre ambos, preferiblemente con un psicólogo, para luego poder acompañar y actuar de forma individualmente adecuada.

¿Cómo se manifiesta la alta sensibilidad en los niños?

Un bebé que quiere quedarse en el fular sin interrupción, un interminable periodo de aclimatación a la guardería, un niño agotado después de una fiesta de cumpleaños infantil... ¡también puede tratarse de niños sensibles normales al principio... o no! En los capítulos siguientes queremos mostrarte cuáles pueden ser los signos de un niño muy sensible.

Dependiendo de la edad de tu hijo, es importante saber cómo tratar la alta sensibilidad. En general, se observa que los niños muy sensibles suelen ser mentes creativas y actúan con mucha empatía. Pero, por otra parte, suelen carecer de paciencia y cosas aparentemente triviales pueden alterarles. Si los niños ya son impulsivos en general, lo son aún más con los niños altamente sensibles.

2.1 LA INFANCIA

Incluso los bebés pueden ser muy sensibles. Incluso los cambios rápidos de luz, como en un túnel, o las grandes diferencias de temperatura irritan enormemente a un bebé muy sensible. Los bebés muy sensibles están increíblemente interesados en su entorno, pero permanecen en un papel de observadores durante mucho tiempo. Querer explorar los objetos por sí mismos no parece ser una necesidad suya al principio.

Si la rutina diaria no es tranquila y no se desarrolla ninguna estructura, esos bebés lo expresan aún más mediante un llanto intenso. Esto también puede ocurrir si discutes con tu pareja, por ejemplo. Esos estados de ánimo también son absorbidos por un bebé muy sensible en un instante. Quizá ya te hayas preguntado si tu bebé es un bebé llorón. La alta sensibilidad y los trastornos de la regulación, que pueden darse en los bebés llorones, pueden estar relacionados, pero no tienen por qué estarlo.

Como les resulta difícil apartarse de los estímulos por sí solos, esto es responsabilidad plena de los padres. Sólo cuando aumenta su movilidad, el bebé es capaz de alejarse de "demasiadas cosas" o de comunicar al cuidador con los brazos extendidos que necesita cercanía y seguridad. Estos bebés necesitan mucha atención física y emocional. Por eso tiene sentido llevarlos en un portabebés, pero en ningún caso mirando hacia delante. Estarían completamente a merced de los estímulos y el cerebro se sobreestimularía. Incluso en las fiestas más grandes, esos bebés se sienten muy inseguros cuando deambulan de brazo en brazo. Se sienten más cómodos en casa, donde conocen todos los olores, sonidos y rutinas. Demasiadas visitas en el periodo posparto pueden tener un efecto francamente perturbador en los más pequeños. Si los bebés tienen muy pocas pausas durante el día, a menudo les resulta muy difícil conciliar el sueño, porque todas las impresiones han abrumado tanto su cerebro que desconectarlo supone un esfuerzo inmenso. Por eso, para los bebés muy sensibles es absolutamente esencial que haya una persona que los regule.

Una y otra vez te encuentras con el término "bebés de alta necesidad" cuando tratas con bebés sensibles o incluso cuando buscas en Google por qué el niño se duerme tan mal por la noche o sólo quiere que lo lleven en brazos. William Sears acuñó el término "bebés muy necesitados". También resumió 12 características típicas que componen a un bebé de alta necesidad. Coinciden en algunos puntos con las preguntas sobre los niños muy sensibles. Todavía no se puede descartar que en realidad haya solapamientos en este sentido.

2.2 LA INFANCIA

A medida que aumenta la edad, los rasgos característicos de la alta sensibilidad se hacen cada vez más evidentes. Esto está relacionado, por ejemplo, con el aumento de la movilidad y también con el desarrollo del lenguaje. El niño puede retraerse, pero también puede abordar situaciones o cambios de los que aún no te has dado cuenta. Entre el año y los cinco años, queda claro si tu hijo es más introvertido o extrovertido. Si tu hijo ya va a la guardería, no jugará mucho con otros niños y tenderá a evitar al grupo en su conjunto. También pueden pasar meses hasta que tu hijo salga del papel de observador y empiece a jugar. También puedes observar que tu hija o hijo juega a la "Kita" en casa, pero sólo observa en la propia Kita. En ese caso, se trata simplemente de un proceso de procesamiento.

En la infancia, los niños muy sensibles también destacan por su vocabulario precoz y bien desarrollado. Tanto lo que pueden entender como lo que dicen suele diferenciarlos de sus compañeros. Entonces, el cerebro también está tan centrado y ocupado en esta área del desarrollo que otras áreas, como las habilidades motoras, quedan aparcadas por el momento.

2.3 EL NIÑO MUY SENSIBLE EN LA GUARDERIA

En general, tu hijo puede ir a cualquier guardería "normal". De ti depende informar o no a los profesionales de la guardería de que tu hijo es muy sensible. Puede ser una ventaja que los profesores estén informados de ello para que puedan actuar en consecuencia durante el periodo de adaptación y también ampliar el periodo de adaptación de dos semanas si es necesario.

Si sólo has notado que tu hijo es de algún modo diferente de los demás niños, la guardería también puede ser una oportunidad para averiguar qué significa ese "diferente". Especialmente en la fase del observador, también se observa al niño en su vida cotidiana a través de películas y se mira y discute en el equipo. Dependiendo del concepto de guardería, los padres también podéis estar presentes allí y se puede debatir juntos qué necesita tu hijo, si es muy sensible y qué te muestra en el vídeo. Estas secuencias de vídeo también ayudan a los profesionales, en el caso de la alta sensibilidad, a averiguar las pequeñas señales de alarma del niño, de modo que se puedan hacer pausas con suficiente antelación en la guardería y añadirlas a las pausas "habituales", como la siesta.

Lo que podrías tener en cuenta a la hora de elegir una guardería sería que no fuera demasiado grande. Hay grupos básicos, pero con conceptos abiertos, los grupos básicos sólo están solos a determinadas horas. Durante el resto del día, cada niño puede moverse por todas partes, lo que en las casas grandes puede suponer a veces 60 niños y, por tanto, un esfuerzo inmenso para un niño muy sensible. Si os conviene como padres, una guardería con un horario de apertura más corto también sería una posibilidad, para que tu hijo descanse lo suficiente en casa y pueda dormir también por la noche de forma más relajada.

Prepárate para que tu hijo tarde más que los demás en despedirse por la mañana. Los niños muy sensibles experimentan esta separación como algo especialmente doloroso. Los rituales también pueden ayudar en este caso; implica al cuidador de la guardería. Un niño muy sensible necesita ayuda durante las transiciones, por lo que debe recibirlo un especialista. Si se ha acordado con la guardería, tómate tu tiempo para el proceso de adaptación. Un niño que no está bien aclimatado sufre estrés y entonces se pierde un niño muy sensible. Si la guardería no cumple esta particularidad durante el periodo de adaptación, aclara con la oficina de asistencia a la juventud si puedes cambiar de guardería por determinados motivos. Es posible que tú y tu hijo contéis con la ayuda de un trabajador de integración.

2.4. EDAD ESCOLAR

La transición de niño de guardería a niño escolar es en sí misma un hito especial en la infancia. Los niños muy sensibles reaccionan con especial intensidad ante un cambio tan drástico. A tu hijo le esperan nuevas tareas, nuevos niños y mucha más responsabilidad. Además, los horarios son aún más estrictos, lo que, por supuesto, también puede convertirse en una seguridad. Al principio, sin embargo, esto significa estrés y presión. En clase, parece como si los niños muy sensibles tuvieran la cabeza completamente en otra parte. Incluso cuando trabajan en tareas, estos niños son más lentos o no pueden completar las tareas en clase. Esto puede dar la impresión de que el niño no escucha bien, no entiende las tareas y no es lo bastante inteligente para la escuela. En un entorno tranquilo y familiar, como en casa, nada de esto puede observarse. Los deberes se hacen muy deprisa y a conciencia. En el aula, demasiados estímulos acosan a tu hijo, de modo que no es capaz de concentrarse. Está ocupado procesando toda la información. Pero si en algún momento esto es demasiado, se alejan literalmente con un rayo o muestran un comportamiento impulsivo y físico, como balancearse en la silla.

2.5 EL NIÑO MUY SENSIBLE EN LA ESCUELA

Cuando el niño entra en la escuela, el grupo se hace automáticamente más grande de lo que era en la guardería y ya no son posibles suficientes lugares de retiro y tiempos de retiro individuales. La edad avanzada hace que los niños muy sensibles se sientan aún más diferentes en la escuela, o incluso que son estúpidos porque no pueden seguir el ritmo de las tareas. Pero, al fin y al cabo, ¡hay tantas impresiones! Tanto esas impresiones como el sentimiento de juicio inhiben el aprendizaje. Pero esto no tiene por qué ser un estado permanente. Con la ayuda de los terapeutas del aprendizaje, es posible dar a tu hijo las herramientas para concentrarse en el aprendizaje. Investigaciones recientes han demostrado que la combinación de actividad física y contenidos de aprendizaje, junto con un entrenamiento cerebral especial, es muy prometedora. Vincular ambos hemisferios cerebrales hace posible el aprendizaje.

También es una ventaja hablarlo con los profesores. Por ejemplo, ya puede ayudar que un niño muy sensible se siente en las primeras filas para que no le aplaste todo un grupo delante de él. Son pequeños cambios en la vida cotidiana que pueden tener un gran efecto. También pueden utilizarse aquí la terapia de aprendizaje y la terapia ocupacional.

Otro consejo: pregunta a la escuela si puedes visitar el recinto con tu hijo antes de la matriculación. Esto ayudará a tu hijo a pasar imágenes más precisas por en su preparación interior. Le dará una primera orientación el primer día de colegio. También puede ayudar si un amigo de la guardería va a la misma escuela y a la misma clase. Cada vez hay más escuelas que ofrecen pequeños retiros directamente en las aulas, que los niños pueden utilizar incluso durante las clases.

Coméntalo con los profesores y desarrollad juntos posibilidades de pequeños descansos para tu hijo. También es siempre muy útil que estés en buena comunicación con los profesores. Tanto para estar al tanto de cómo le va a tu hijo en la escuela, como para decirles cómo y en qué "condiciones" llega el niño de la escuela a casa.

El lado bueno de la alta sensibilidad

Los niños muy sensibles suelen mostrar una gran compasión, actúan de forma intuitiva, son concienzudos, su creatividad suele ser muy pronunciada y a las personas ajenas les parece que son muy conscientes de quiénes son. Pero, ¿qué significa esto en concreto? A menudo estos niños son más introvertidos, pero esto no debe excluir el hecho de que los niños extrovertidos también puedan ser muy sensibles. Los niños muy sensibles siempre parecen estar atentos a su entorno, como si estuvieran constantemente a la escucha y lo percibieran todo. ¡Y así es exactamente! Se dan cuenta de cualquier cambio. No es raro que también nos sorprendan con una empatía increíble y pueden ser muy cariñosos con los animales. P. Tomschi es miembro de la junta directiva del Centro de Alta Sensibilidad de Múnich y le gusta utilizar la palabra "multisensibilidad" para estos niños: ya no suena tan negativa.

Típico de los niños muy sensibles es también su atención a los detalles en las preguntas o respuestas. Se les ocurren cosas que a los adultos ni siquiera se les ocurren al principio. Además, son muy imaginativos y te sorprenden a una edad temprana con una muy buena comprensión del humor e incluso de la ironía.

Lados sombríos de la alta sensibilidad

Las características estresantes aparecen en esos niños cuando el cerebro está sobrecargado. De un momento a otro, el estado de ánimo cambia: tu hijo ya no puede más, se retrae inmediatamente o se vuelve ruidoso. Los padres afectados suelen informar de este cambio brusco, inicialmente imprevisible.

También puede surgir un comportamiento agresivo. Son muy susceptibles al estrés, pues incluso los olores intensos, el parpadeo de una bombilla defectuosa, pero también el frío o la sensación de hambre son límites para esos niños. Por tanto, es imprescindible que conozcas las señales de alarma y los indicadores de sobreestimulación. Así podrás reaccionar a tiempo y el estado de ánimo no cambiará de un momento a otro.

Un umbral de estímulo más bajo también conduce a una mayor sensibilidad al dolor. Así, el sistema inmunitario de estos niños es más activo, por lo que las enfermedades y las alergias aparecen con más frecuencia.

El rechazo de determinados materiales en la ropa o consistencias en los alimentos también puede indicar un niño muy sensible.

Los niños muy sensibles suelen jugar solos porque mucha acción les sobrecarga rápidamente. Así que esos niños suelen estar al margen, observando lo que ocurre, o incluso se retiran por completo y a menudo se ocupan solos.

2.6 CUESTIONARIO PARA NIÑOS

Por supuesto, ya puedes rellenar el cuestionario de E. Aron con niños, pero se desaconseja hacerlo, porque entonces sólo pones un sello en el niño, pero podrías pasar completamente por alto su singularidad. Sin embargo, para comprender al niño y reconocer que percibe su entorno y a sí mismo de forma diferente, y que también trata con él de forma diferente, una evaluación de este tipo puede ser increíblemente enriquecedora y también tranquilizadora para los padres. El Instituto de Educación Infantil de Baja Sajonia, abreviado NIFBE, ha puesto a disposición de los padres el cuestionario correspondiente en su sitio web.

En este test, se hacen preguntas sobre las percepciones sensoriales, el vocabulario lingüístico, el comportamiento de contacto con otros niños o también sobre el comportamiento durante las celebraciones o las acciones de mayor envergadura durante el día. Aunque conceptualmente el test parece como si fuera una prueba para un diagnóstico, se hace hincapié en que estas preguntas sólo deben conducir, en primer lugar, a una evaluación. Por tanto, es necesario consultar a un pediatra o a expertos psicólogos.

Las siguientes preguntas deben responderse según E. Aron para obtener una primera evaluación de la alta sensibilidad de tu hijo. Estas preguntas también se pueden encontrar en su libro "El niño altamente sensible":

Mi hijo ...

1. se sobresalta ligeramente.
2. tiene la piel sensible, no tolera los tejidos rasposos ni las costuras de los calcetines o las etiquetas de las camisetas.
3. no le gustan las sorpresas.
4. beneficios en el aprendizaje mediante una instrucción suave en lugar de un castigo severo.
5. tiene un vocabulario inusualmente elevado para su edad.

6. parece ser capaz de leerme la mente.

7. es sensible a los olores, incluso a los olores muy débiles.

8. tiene un ingenioso sentido del humor.

9. parece ser muy empático.

10. puede tener problemas para conciliar el sueño después de un día emocionante.

11. tiene problemas con los grandes cambios.

12. encuentra desagradable la ropa mojada o sucia.

13. hace muchas preguntas.

14. es perfeccionista.

15. se da cuenta cuando los demás son infelices.

16. prefiere los juegos tranquilos.

17. hace preguntas profundas que te hacen pensar.

18. es muy sensible al dolor.

19. es sensible al ruido.

20. Registra detalles (cambios en el mobiliario o el aspecto de una persona, etc.).

21. piensa en los posibles peligros antes de asumir un riesgo.

22. consigue el mejor rendimiento cuando no hay extraños presentes.

23. tiene una vida emocional intensa.

> Evaluación:
> Si puedes responder al menos a 13 afirmaciones con un "sí", es probable que tu hijo sea muy sensible.

Hay que insistir una vez más en que esta prueba no es una herramienta de diagnóstico. Sólo pretende comparar impresiones y comprender mejor al niño.

Por desgracia, en nuestra cultura, la alta sensibilidad se asocia a menudo con algún tipo de debilidad y así es como la gente suele tratarlos. Se les condena al ostracismo o se les da la sensación de que hay que corregir ese defecto. Pero ser muy sensible también puede conducir a una vida más agradable. Los campos de lavanda en flor, la deliciosa tarta de fresas, el tranquilo sonido del mar al atardecer en la playa, las suaves caricias mientras te abrazan... todo se puede vivir más intensamente. De una forma que no todo el mundo puede.

- La alta sensibilidad ya es evidente en los lactantes.
- Un bebé muy sensible reacciona muy sensiblemente a los cambios de temperatura, a los cambios de luz o a los olores. Durante el juego, el bebé permanece como observador durante mucho tiempo, muestra gran interés, pero explora muy poco.
- Unas estructuras diarias claras son muy importantes para este bebé. La sobreestimulación suele expresarse con llantos largos y violentos.
- Cuanto más inmóvil es el niño, más responsabilidad tienen los padres de protegerlo de demasiados estímulos.
- En la infancia, la alta sensibilidad se hace cada vez más evidente a medida que el niño se mueve y es capaz de expresarse lingüísticamente.
- Los niños muy sensibles muestran muy pronto un vocabulario muy maduro.
- Toda transición, ya sea a la guardería o a la escuela, es estresante para un niño muy sensible.

> - En el entorno escolar, al niño le cuesta seguir el ritmo de las clases, pero en el entorno doméstico, completa sus tareas con precisión y sin problemas.
> - Hay un cuestionario para evaluar la posible alta sensibilidad.

El siguiente capítulo tratará de lo que significa ser padre de un niño altamente sensible. En primer lugar, se tratará de ti como padre, de lo que significa para ti y del proceso que se desencadena cuando te enfrentas al supuesto "Nuestro hijo es muy sensible". Después, la atención se centrará en consejos concretos para la interacción diaria con tu hijo: tanto lo que es bueno para tu hijo, como lo que es inadecuado para tu hijo altamente sensible.

3. ser padre de un altamente ser hijo

La vida cotidiana con un niño muy sensible puede ser muy difícil. Como el umbral de irritación se supera muy rápidamente y con frecuencia, también puede provocar inquietud y estrés a todos los implicados. Los siguientes consejos te mostrarán cómo puedes moldear la crianza.

Sin embargo, antes de profundizar en los consejos de Elaine Aron, me gustaría invitarte a una breve excursión mental. Intentemos experimentar lo que experimenta tu hijo, y de momento sólo en términos de un sentido. Muchos estímulos son tan normales para nosotros que los pasamos por alto. Por tanto: ponte los oídos y escucha la habitación en la que estás ahora mismo. ¿Qué oyes? ¿Qué ruidos son fuertes, cuáles silenciosos, cuáles más desagradables que otros? ¿Y realmente sólo oyes los sonidos de esta habitación o también hay bastantes de la calle de fuera, de la cocina, etc.? Todo lo que oyes ahora, bajo un enfoque y una concentración conscientes, es lo que tu hijo altamente sensible oye todo el tiempo. Y además de todos estos sonidos, también hay olores, estímulos visuales y táctiles, etc.: un popurrí de impresiones.

Elaine Aron ha resumido una serie de consejos sobre cómo afrontar en primer lugar la sospecha de que tu hijo pueda ser muy sensible. A continuación se enumeran y explican.

Reconocer la alta sensibilidad

En primer lugar, familiarízate con la terminología. Búscala en Google, habla con personas como psicólogos, un médico o asociaciones, un punto de contacto al que puedas recurrir con todas tus preguntas. Hay muchas características diferentes de las personas altamente sensibles. Sin embargo, según E. Aron, llega un momento en que los padres "encajan" y reconoces a tu hijo en las características enumeradas. De repente, se te caen las piedras del corazón, porque por fin hay explicaciones para lo que has notado intuitivamente en tu hijo. ¡Y eso puede ser inmensamente aliviador!

Críticamente superior

Debido a la variedad de combinaciones de características para la alta sensibilidad, pueden seguir surgiendo dudas en ti. Este proceso es natural y debe animarte a mantener la curiosidad. Las cosas nuevas deben cuestionarse primero para que puedan convertirse en una base firme. Es esencial para tu hijo que mires, escuches y leas con atención. Sólo entonces podrás reconocer las características individuales de tu hijo y, en función de ellas, crear espacios y oportunidades para que se recupere. La alta sensibilidad también debe vivirse del mismo modo que, por ejemplo, un alto impulso de moverse. Si no hay oportunidades para ello, pueden surgir pautas similares a las de los niños con trastornos mentales.

Una pregunta crítica habitual de los padres es también "todo el mundo es sensible". Sí, es cierto. Sin embargo, esto se basa en una empatía aprendida que experimentamos y aprendimos en la infancia en el entorno social. La alta sensibilidad es innata y se diferencia de ser y actuar con sensibilidad en la falta de filtrado de los estímulos externos. Olores, voces, gestos, todo ello se absorbe sin filtrar. Lo quiera el niño o no. Simplemente ocurre. Esta incomprensible amplitud y variedad de información da lugar entonces a una marcada empatía.

Puede ocurrir que tu hijo tenga una peculiaridad con respecto a un determinado color o material de la ropa, etc. Esto a veces puede resultar muy estresante. Pero intenta recordar que no es por rebeldía ni provocación. Tu hijo también siente las cosas de forma diferente en la piel. Una costura en el gorro no sólo puede ser molesta, sino también muy incómoda. O el papel de lavar no sólo roza la nuca, no, a tu hijo le pica muchísimo y cruje con cada movimiento de la cabeza. Esto puede sonar banal, pero para tu hijo no lo es. Si puedes tener en cuenta estas idiosincrasias particulares en la vida cotidiana y eliminar estos inconvenientes, será mucho más agradable para ti y para tu hijo. En este caso, no estás malcriando a tu hijo, estás respondiendo a su necesidad. Si tuviéramos la sensación de que la etiqueta de la talla nos pica en la nuca, acabaríamos eliminándola también. Tu hijo te lo agradecerá y aprenderá de nuevo a enfrentarse a sí mismo y a sus necesidades en la vida. ¡Se siente visto por ti! ¡Y eso es inmensamente fortalecedor!

Obtener información

Infórmate. No importa si es a través de Internet, visitando a un grupo de padres afectados o incluso mediante una sesión de coaching o asesoramiento para padres. El conocimiento facilita las cosas y, además, escuchar cómo les va a otras familias y cómo transcurre su vida cotidiana puede ser de inmensa ayuda y proporcionar la higiene psicológica necesaria. Una conversación con un experto también puede aclarar muchas preguntas e incertidumbres, sobre todo al principio. La "Red de Alta Sensibilidad" ofrece valiosos consejos bibliográficos en su sitio web, así como la posibilidad de encontrar asesores en tu entorno. También hay una plataforma online con actos informativos, una mesa de asiduos y reuniones para familiares y los propios afectados.

También existe la posibilidad de ver películas o documentales en general sobre el tema. Una pequeña selección serían las siguientes películas:

- Los románticos anónimos
- Orgulloso de ser sensible
- Los superhombres.

Una nueva mirada sobre tu hijo

Deja que tu hijo te guíe un poco. Se supone que los recién nacidos ya son competentes. Son competentes para enseñar a sus padres comportamientos sensibles. . A través de sus diferentes tonos y expresiones faciales, los bebés muestran a sus padres que algo va mal. Entonces hay que averiguar qué es siempre. Poco a poco, los cuidadores atentos pueden reconocer lo que su hijo necesita a partir de matices sutiles.

Un niño altamente sensible también puede ayudaros a sintonizar de nuevo el uno con el otro. Puede ocurrir que mires al pasado y te sientas culpable porque ciertos momentos ahora también tienen una luz diferente y desearías haber tenido antes la información sobre la alta sensibilidad. Pero no te atasques en estos recuerdos. Ahora ya lo sabes y puedes empezar a reconstruir la relación con tu hijo. ¡Eso es maravilloso! También requerirá cierto esfuerzo y mucha paciencia por parte de todos los implicados, pero sin embargo, en el mejor de los casos, podrás percibir, acompañar y, en última instancia, fomentar la especialidad de tu hijo. De este modo, tu hijo ganará confianza en sí mismo y, además, en ti. Al fin y al cabo, ya no tiene que preocuparse de que ser diferente sea estúpido, porque en casa puede mostrar toda su personalidad y, así, también revelarte cada vez más cosas, mostrar sus puntos fuertes, a los que tú, a tu vez, puedes responder. Aquí queda claro una vez más que esta relación mutua siempre tiene potencial de aprendizaje para ambas partes. Tu hijo aprende de ti y tú de tu hijo.

Preguntas frecuentes

Hay algunas preguntas que están en la mente de la mayoría de los padres. Entre otras, las siguientes preguntas son las más frecuentes y las que más rápido vienen a la mente y arden bajo las uñas.

¿Existe un diagnóstico de "niño altamente sensible"? - Aunque existen cuestionarios y algunos estudios sobre este tema, todavía no es posible un diagnóstico patológico. Esto se debe a los criterios, hasta ahora inaccesibles, que permiten un diagnóstico objetivo.

¿La alta sensibilidad es una enfermedad? - No. La alta sensibilidad es un rasgo del carácter. Tu hijo no está enfermo ni perturbado.

Por supuesto, habrá y puede haber muchas más preguntas flotando en tu cabeza. Es normal y forma parte del proceso. Al fin y al cabo, te estás enfrentando al problema. Si tu propia investigación no te proporciona respuestas satisfactorias, deberías consultar de nuevo a expertos, médicos, padres preocupados o asociaciones.

3.1 ¿QUÉ NECESITA MI HIJO ALTAMENTE SENSIBLE? ¿NIÑO ALTAMENTE SENSIBLE?

Tu hijo se dará cuenta muy pronto de que es diferente de los demás niños y adultos. Puede reconocerlo muy pronto porque lo percibe con mucha sensibilidad. Como la mayor parte de la vida cotidiana no está diseñada para personas muy sensibles, esto puede hacer que el niño dude de sí mismo muy rápidamente. Vosotros, como padres, tenéis un papel muy responsable que desempeñar aquí. Ahora se mostrarán las posibilidades y consejos que puedes utilizar para apoyar y fortalecer a tu hijo.

3.2 PASAR DE LA EDUCACION A LA RELACION

En primer lugar: el hecho de que tu hijo sienta tanto es una característica especial. Reconocerlo y respetarlo debe ser tu actitud básica en la relación con tu hijo. No intentes cambiar a tu hijo, sino dejar que te muestre su mundo especial de percepción y procesamiento, en la medida de lo posible.

Quizá ya hayas recurrido a las guías clásicas de crianza y te hayas dado cuenta de que no se aplican realmente a tu hijo o no "funcionan". Como tu hijo tiene un tic tac diferente, también necesitas una maleta diferente de consejos de manejo. En este caso, lo mejor es hacer primero un recorrido de observación: ¿Con qué le gusta jugar a tu hijo y cómo juega con ello? ¿Cuándo necesita tu ayuda? ¿Cuándo notas que los rituales fijos le hacen bien a tu hijo y quizá incluso los exige? ¿Qué es lo primero que hace tu hijo después del colegio? Éstos son sólo algunos ejemplos de cómo puedes observar a tu hijo en la vida cotidiana. Ahora se mostrará con más detalle cómo puedes seguir organizando la vida cotidiana y a qué podrías prestar atención si tu hijo es muy sensible.

Una educación orientada a las necesidades es especialmente beneficiosa para los niños muy sensibles, y también para los padres. Al fin y al cabo, se trata de que todas las necesidades tengan derecho a existir en la familia. Una relación orientada a las necesidades no significa que el niño obtenga todo lo que aparentemente desea. Se trata de reconocer las necesidades y actuar en consecuencia. Cuanto más pequeño sea el niño, más rápida será la reacción, porque un recién nacido sólo tiene necesidades muy esenciales que no deben posponerse. Cercanía, comida, sueño, pañales limpios: para los recién nacidos es una sensación de desamparo total si no se satisfacen estas necesidades.

La actitud desempeña un papel importante. No se supone que los niños tengan malas intenciones, pero siempre se ve una necesidad detrás. Incluso un niño desafiante y enfadado tiene una necesidad, ya sea la necesidad de un límite, una sujeción o una decisión, que a su vez coincide con el comportamiento de un niño sobreestimulado y muy sensible. Así pues, la crianza basada en las necesidades no consiste en que el niño pueda hacer lo que quiera. ¿Dónde estarían la estructura, la rutina diaria de apoyo, los rituales? Se trata de respetar a los demás, no castigar, comunicar los hechos, que haya normas familiares para todos los miembros de la familia e, idealmente, que éstas hayan sido elaboradas por toda la familia. De este modo, toda la familia participa también en lo que se refiere a los límites. Este modelo de crianza refuerza el comportamiento social de los niños y, al mismo tiempo, aumenta su confianza en sí mismos. En el entorno familiar, pueden experimentar y practicar cómo relacionarse respetuosamente y a la altura de los ojos con otras personas, ya sea en la guardería, en el colegio o incluso en el trabajo.

3.3 PERSONAS DE REFERENCIA
COMO
ANCLA

Una relación estable con confidentes también es de inmensa importancia para los niños muy sensibles. Toma en serio a tu hijo. Seguirá ocurriendo a menudo que la gente dude de la percepción de tu hijo, ya sea a través de los profesores, de otros niños o incluso de amigos y familiares. Esto puede llevar a que tu hijo también empiece a dudar de sí mismo y de su percepción. Cree a tu hijo cuando te hable de sus sentimientos, porque es la realidad para él. No dudes en preguntar o dejar que tu hijo describa cómo se veía, olía o sentía algo. En las propias situaciones, fíjate en los gestos de desaprobación, las expresiones faciales y otros patrones de comunicación no verbal. A continuación, intenta primero dar un respiro al niño. Dale un abrazo, ofrécele consuelo, acurrúcate con él o mira un libro.

Con el tiempo, descubrirás de qué manera puede calmarse tu hijo. Luego ve a la causa raíz: ¿cuál fue el desencadenante? También puedes intentar llevar un diario, como hacen las personas con migrañas. ¿Qué ocurrió ese día en que tu hijo se agobió? ¿Hubo algo distinto de lo habitual? ¿Hubo comportamientos de tu hijo que se fueron acumulando poco a poco y de los que podrías haberte dado cuenta de que empezaban a ser demasiado para él? ¿Cuándo te diste cuenta de que era demasiado? ¿Cómo reaccionó tu hijo? Pero además, ¿qué ayudó a tu hijo a relajarse?

Si tu hijo ya sabe hablar, pregúntale. Nombra los posibles sentimientos que tu hijo haya podido sentir y en qué momento ese sentimiento se hizo muy fuerte. Una vez encontrado el desencadenante, puedes pensar si puede evitarse la próxima vez o si puedes encontrar una forma para y también con tu hijo de hacer que el desencadenante sea más soportable. Esto puede significar, por ejemplo, que primero te quedes con el niño durante toda la hora de gimnasia y luego te vayas retirando poco a poco, de forma parecida a la adaptación en la guardería.

También ayuda mucho a tu hijo muy sensible que le expliques de antemano lo que puede esperar, por ejemplo, cuando vaya al médico. Tal vez puedas explicarle de antemano, jugando, lo que hará el médico. Cuando salgas de viaje, puede que tu hijo tenga que acostumbrarse primero al nuevo entorno y a las nuevas impresiones. Los objetos familiares de casa y los rituales constantes, como irse a la cama, pueden facilitar que tu hijo se adapte a un entorno distinto. Las figuras de apego seguras, con su función de apoyo, que a veces incluso debe tomarse al pie de la letra, sirven como anclas y puntos de orientación.

Un campo que se abre en las personas con alta sensibilidad es la empatía increíblemente grande. Un niño altamente sensible ya siente los sentimientos de los demás como sentimientos propios. Esta confluencia de sentimientos debe abordarse porque tu hijo debe aprender a protegerse de ella. Cada sentimiento puede y debe permanecer también en la persona que lo siente, y tu hijo debe aprender que le está permitido ser feliz tranquilamente aunque perciba que otra persona no es feliz en ese momento. Si notas que tu hijo también tiene problemas físicos debido a su gran sensibilidad, como dolores de cabeza frecuentes, dolores de estómago, poco apetito, poco sueño, consulta a tu pediatra y a un psicoterapeuta. Incluso a los adultos les cuesta de vez en cuando poner límites por su propio bien. Reconoce esto en tu hijo a una edad temprana y acompáñale a reconocer y defender sus propios límites y sentimientos.

Ahora hay libros ilustrados y libros para adolescentes estupendos para hablar con tu hijo sobre su alta sensibilidad. Al fin y al cabo, ayuda que tu propio hijo también entienda qué es lo que le hace sentirse tan diferente. Además, los libros ilustrados pueden servir para relacionarte con tu hijo y abrirle una nueva puerta.

Los siguientes libros (ilustrados), entre otros, tratan el tema de la alta sensibilidad:

- "Soy como soy: brillante y totalmente normal" por Sabina Pilguj
- "El Animal de Cuidado - ¿Cómo es para ti?" por Christina Wagner-Meisterburg
- "El león que hay en ti" de Rachel Bright y Jim Field
- "Lars de mil sensibilidades: niños con alta sensibilidad" por Hannah-Marie Heine
- "Enno Anders: Dientes de león en el asfalto" por Astrid Frank.

3.4 LO QUE NO DEBES HACER EN LA RELACIÓN CON TU HIJO MUY SENSIBLE

¡Tómate en serio a tu hijo! Lo que siente, lo siente, y esto no puede ni debe ser minimizado, ignorado o devaluado. Si tu hijo te pide que camines por el otro lado de la carretera porque el sol es cegador o hace mucho calor, tu hijo lo siente más intensamente que tú. Sí, necesitarás mucha paciencia, y sí, de vez en cuando habrá frases como "ahora no seas tan niño" en tus labios.

Tal vez te ayude seguir recordándote que tu hijo siente realmente lo que te dice y te muestra. El hecho de que te lo diga demuestra que confía en ti y también te ayuda a comprender a tu hijo y a reconocer precozmente los posibles desencadenantes de la sobreestimulación. En un caso extremo, tu hijo experimentará que sus sentimientos no se toman en serio, dudará de sí mismo y perderá el acceso a sí mismo. Incluso en la edad adulta, las personas muy sensibles que experimentaron en la infancia el tipo descrito anteriormente tienen grandes dificultades para percibir en absoluto sus propias necesidades y sentimientos. Inmediatamente se los niegan, reprimen e ignoran.

3.5 ¿QUÉ NECESITA MI HIJO EN LA VIDA COTIDIANA?

Reforzar la confianza en uno mismo

Debido a la frecuente sensación de ser "diferente", es de inmensa importancia reforzar y estabilizar la autoestima de tu hijo. Deben evitarse las amenazas generales, como con cualquier niño. Empieza por ti mismo y sé un modelo para tu hijo con tu autoestima. Fíjate siempre en las ventajas que tu hijo experimenta gracias a su don e intenta abstenerte de hacer comparaciones con otros niños. Tu hijo puede sobrellevarlo mejor si notas que tal vez esté cansado y preferiría irse, pero le dices que necesitas otros 5 minutos, pero que puede sentarse en el coche o algo similar.

Apoya el contacto con compañeros

A un niño muy sensible le resulta especialmente difícil entrar en contacto con compañeros a los que sólo les gusta retozar y pelearse. Por supuesto, las niñas muy sensibles también tienen dificultades para relacionarse con otros niños.

Una posibilidad sería dejar que el niño aprenda algo especial para que refuerce su confianza en sí mismo y se sienta competente. Los juegos de rol también pueden ayudar a tu hijo a afrontar sus preocupaciones y a experimentar cómo hacer amigos con otros niños a través del juego.

Pero, ¿cómo podrías averiguar ahora qué niño podría convenirle a tu hijo? No estás en la guardería ni en la escuela. Sin embargo, puedes preguntar simplemente a los cuidadores o profesores del niño. Ellos serán los primeros en ponerse en contacto. Esto permitiría que los dos niños hicieran algo juntos por la tarde. Puede ocurrir que tu hijo quiera irse a casa después de dos horas o necesite un descanso. Pero eso está perfectamente bien. Cuanto más familiarizada esté la amistad, más relajado podrá estar tu hijo y los dos niños podrán tranquilizarse.

Los niños suelen practicar un deporte o un instrumento el fin de semana o por la tarde entre semana. Un deporte de equipo es muy exigente, pero tiene muchas ventajas para tu hijo. Como se trata del deporte y del rendimiento, la integración en el grupo puede producirse bien. Estudios realizados en EE.UU. han demostrado que los chicos muy sensibles que participaban en un deporte de equipo eran bien aceptados y apenas sufrían burlas. Averigua junto con tu hijo en qué deporte podría imaginarse participando, asiste a unas cuantas sesiones allí y luego considera junto con él dónde se sintió cómodo y dónde podría imaginarse participando de nuevo.

Reducción del estímulo

Si tu hijo ha experimentado mucho durante el día, por la noche suele estar muy inquieto y nervioso. Cuando el cuerpo está en reposo, la mente sigue procesando. Por eso es aún más importante que haya silencio absoluto al dormirse, que no se proyecten estrellas en el techo y que tu hijo, tenga la edad que tenga, pueda encontrar la paz sin más estímulos.

También hay que fijarse bien en la gama de juguetes. Los bebés muy sensibles juegan de forma diferente. Demasiadas impresiones son agotadoras e intuitivamente el bebé tiende a ocuparse con pocos juguetes, pero que supongan un reto. Como son muy curiosos y atentos, les gustan los juegos desafiantes. No abrumes a tu hijo con juguetes, evita el sonido continuo o una multitud continua de visitantes. Sí, a los niños les hechizan los colores brillantes y los juguetes parpadeantes. Cuanto más pequeño sea tu hijo, menos juguetes de este tipo debes ofrecerle. Pero aquí también es importante no excluir al niño de todo. Al final, se trata mucho más de configurar la vida cotidiana junto con el niño, de modo que forme parte de la sociedad y también experimente cómo manejar su talento especial.

Para los niños en edad escolar que hacen los deberes, hay que procurar que no haya fuentes adicionales de ruido en el entorno. La radio debe estar apagada, nada de conversaciones paralelas en la cocina cuando el niño está haciendo sus tareas en la mesa del comedor. Menos es más.

También en cuanto a los compañeros de juego, tu hijo se beneficiará más de unos pocos amigos que de toda una horda. Invita a un niño de vez en cuando, pero no le presiones. Del mismo modo, asiste a una actividad por la tarde, como gimnasia o similar. Sin embargo, no te decepciones si tu hijo y tú tardáis más en encontrar una actividad adecuada. Aquí se necesita paciencia y compostura. Pon a tu hijo en forma para toda la vida y deja que te inspire.

Rituales para la seguridad psicológica

Las rutinas diarias estructuradas y las normas claramente reconocibles suelen ser un componente importante para los niños. Todo lo que se conoce y funciona siempre de forma similar da seguridad y la sensación de tener el control y también de poder desconectar y que te dejen desconectar. Para los niños muy sensibles, esto significa que sus cerebros no funcionan a pleno rendimiento todo el tiempo, pero que pueden recurrir a información familiar que ya han experimentado. Los rituales, las normas y las estructuras se convierten así en una especie de preclasificación desde el exterior, por vuestra parte como padres.

Rompe

Puede que te hayas dado cuenta de que, después de un día en el colegio o en la guardería, tu hijo está muy decaído o incluso muy hiperactivo o agresivo en casa. La escuela y la guardería están llenas de estímulos. Intenta no atiborrar la tarde demasiado de actividades, pero permite que tu hijo descanse. También podrías diseñar junto con tu hijo una zona o un rincón en su habitación, de modo que se convierta en el refugio óptimo para él y contribuya a su relajación. De este modo, tu hijo también se sentirá tomado en serio y tenido en cuenta y podrá satisfacer sus necesidades.

Con esto no quiero dar la impresión de que no ofrezcas a tu hijo deportes de club o similares. Se trata simplemente de establecer momentos fijos durante el día en los que tu hijo pueda relajarse. No puedes proteger a tu hijo de todos los estímulos, y una sobreestimulación también puede tener un efecto positivo de vez en cuando: tú y tu hijo experimentáis eso y cómo se puede encontrar una salida a esa situación. Asimismo, el retraimiento no debe convertirse en aislamiento del entorno. La soledad enferma. Sin embargo, hay que tener cuidado de que la sobreestimulación no sea una condición permanente, ya que el estrés no es saludable para el organismo. Por tanto, se recomienda tratar al niño con consideración, pero no sobreestimularlo.

Conoce las señales de advertencia

Es especialmente importante que los padres reconozcan las señales individuales de sobreestimulación inminente en sus hijos.

Los siguientes comportamientos pueden indicar que está siendo demasiado para tu hijo:
- Quejica
- Retirar
- No hables más
- Quejica
- Busca indispensablemente el contacto físico, estira los brazos hacia ti
- Dolor abdominal, dolor de cabeza, dolor en las extremidades.

Como el estrés también tiene un efecto directo sobre el organismo, puede ocurrir que tu hijo se queje de dolor de estómago cuando tiene "demasiado". Esto debe tomarse en serio. Por ejemplo, ponle una bolsa de agua caliente y relájate con tu hijo. Los masajes también pueden ser agradablemente relajantes. Esto ayuda al niño a sentirse de nuevo, lo que es bueno para él. También hay niños muy sensibles a los que les ayuda estar al aire libre en el bosque.

Si tu hijo muestra uno o varios de estos comportamientos, debes concederle un periodo de recuperación. Si tu hijo ya está abrumado, no puedes seguir pidiéndole que tome decisiones. Probablemente tendrás que decidir si tu hijo quiere relajarse leyendo un libro o abrazándose. La ira y la agresividad inhiben cualquier toma de decisiones racional: quítale esta tarea a tu hijo. Ahora restableces el orden en el caos interior de tu hijo. Y esto puede ser tanto orden externo como interno. Verbaliza lo que vas a hacer ahora, por qué lo haces y habla también de los sentimientos de tu hijo. Evita las palabras duras e intenta no reñir.

En última instancia, siempre se trata de averiguar qué se aplica a tu hijo y qué comportamiento muestra cuando algo es demasiado para él. Pero esto también es válido para los padres cuyos hijos no son muy sensibles. Implícate con tu hijo y estate atento a lo que quiera decirte. Mantente en contacto con él o ella y habla de los sentimientos que percibes en tu hijo, pero también en ti mismo. Siéntete libre de hacer suposiciones sobre cómo le va a tu hijo, cómo le percibes y qué crees que podría ser bueno para que se recupere.

3.6 EXIGENCIAS EXCESIVAS A LOS
LOS PADRES

Puede ser agotador cuando tienes un hijo muy sensible. ¡Y también puedes admitirlo! Incluso los niños que no son muy sensibles pueden ser estresantes para los padres. No es ninguna vergüenza. Sin embargo, es importante reconocer cuándo es demasiado para ti o notas que ya no te encuentras bien, porque una madre agotada o un padre cansado tampoco hacen ningún bien al niño. La falta de energía también agota rápidamente tu paciencia y, a veces, tu comportamiento hacia el niño deja de ser totalmente racional. Tu hijo, muy sensible, lo percibe inmediatamente.

Así que no tengas miedo de hablar de ello y de decir que estás llegando a tus límites. Las pilas pueden agotarse y primero hay que recargarlas. Tal vez descubras lo que te vendría bien para recargar las pilas. ¿Qué te falta? ¿Qué necesitas? ¿Hay algo que puedas hacer inmediatamente? ¿Te llevaría medio día para ti solo?

Destierra también la mala conciencia cuando tu pareja se ofrezca a llevarse a tu hijo medio día y hacer algo juntos. Podéis pensar juntos en lo que podríais experimentar los dos y a qué tendría que prestar atención tu marido en ese caso. Los padres que trabajan, sobre todo, no se dan cuenta de muchos de los obstáculos cotidianos de los niños muy sensibles, y entonces también agradecen los consejos.

Acepta el apoyo. Tu hijo no gana nada con una madre o un padre que ya no puede más. A veces también puede ayudar un masaje, que puede recetarte tu médico de familia.

De vez en cuando, también puede ayudar hablar con otros padres en la misma situación. En Internet puedes encontrar algunos grupos y foros que ofrecen espacio para el intercambio. Así ya no estás atada a un solo grupo de apoyo y, dependiendo del tipo, puedes decidir qué tipo de intercambio te conviene más.

Sin embargo, si ves que todas estas opciones no te ayudan y las pilas no se recargan, no tengas miedo de pedir ayuda terapéutica a tu médico de cabecera. Podrían ser unas sesiones con un terapeuta o incluso una cura. En cualquier caso, también deberías dejarte cuidar.

- Ser padre de un niño muy sensible es agotador.

- Si tu hijo es realmente muy sensible, empieza por ti mismo. Necesitas reestructurar tus pensamientos. Intenta percibir a tu hijo, infórmate, intercambia información con otras familias.

- Tu hijo notará muy pronto que es diferente de los demás niños. Entabla una relación con tu hijo y abordad juntos el problema.

- Alejarse de la educación y acercarse a las relaciones.

- Hablar de sentimientos, ver libros ilustrados y películas, hacer juegos de rol para preparar las citas: convertiros en un equipo.

- Reduce los estímulos, reconoce las señales de alarma de la sobreestimulación, introduce rituales, permite pausas en la vida cotidiana.

- Tómate en serio a tu hijo y su percepción: se siente diferente a ti, pero se siente así.

- Tú eres la orientación y el ancla de tu hijo.

- ¡Cuídate tú también! Una madre o un padre cansados son de poca utilidad para sus hijos. Tú también puedes permitirte algún tiempo libre.

4. ¿tendrá problemas mi hijo toda su vida?
¿los tendrá?

Tu hijo no tendrá problemas toda su vida. Pero para alcanzar este estado, es importante que explores estrategias con tu hijo y pruebes cómo puede cuidar bien de sí mismo en los momentos estresantes para descubrir y consolidar recursos. Especialmente en ámbitos laborales en los que se necesita mucha empatía, las personas muy sensibles pueden utilizar muy bien su don.

También suelen ser muy buenas negociando y resolviendo disputas sin pisar a nadie. Si hay un problema en algún sitio, son capaces de percibir todos los aspectos que lo rodean y formar una solución adecuada a partir de él, en el mejor de los casos muy justa para todos los implicados. No hay que excluir la posibilidad de que las personas muy sensibles también puedan ocupar puestos de liderazgo. Puesto que el trabajo es especialmente preciso, un empleo en gestión de calidad es igualmente adecuado. La gran empatía también es muy útil en ámbitos sociales y en el trabajo con animales.

Tu hijo puede tener una vida muy maravillosa y valiosa, no te preocupes por eso. La alta sensibilidad puede ser incluso la característica especial que destaque positivamente y se considere el valor añadido de un equipo.

Concluyendo Impulsos

Rolf Sellin es el director del Instituto para Personas Altamente Sensibles de Stuttgart. Describe a los niños con alta sensibilidad como un don. Lo ve claramente como un punto fuerte e incluso para la sociedad en su conjunto.

¡Sé valiente! Tu hijo es algo especial. Si te implicas, tu hijo te mostrará el mundo con todos sus sentidos e impresiones. Te invita a mirar las cosas de una forma nueva y también a volver a establecer prioridades. Sí, tu hijo percibe más de lo que quizá tú percibes. Esto también puede asustar si tu propio hijo siempre va un paso por delante de los padres en algunos aspectos. Pero también puede ser un gran enriquecimiento para tu familia. También puede que experimentes el mundo de una forma completamente distinta o que se ralentice toda la rutina familiar.

Cuántas veces vas más allá de tus propios límites físicos y mentales, lo que por un lado también puede tener sentido, pero en un estado permanente te agota y te hace sentir muy alejado de ti mismo. La relación con uno mismo, percibir una y otra vez las propias necesidades y también clasificarlas como justificadas, es saludable y, a menudo, pocas veces se exige conscientemente. Quizá tu hijo altamente sensible te ayude con esto. Si tu hijo necesita un descanso, aprovecha el tiempo juntos o con tus otros hijos. Esto dejará de parecer una medida individual para tu hijo altamente sensible y todos os acercaréis literalmente.

Experimentarás sentimientos de alivio, miedo, asombro, agobio y mucho más. Todo está permitido y es normal. No estás solo y hay lugares a los que acudir para ayudarte a ti y a tu familia a averiguar si tu hijo es realmente muy sensible y qué necesitáis tú y tu familia en términos de información, apoyo y también alivio. El nuevo comienzo tras la toma de conciencia puede quitarte un peso de incertidumbre de encima, pero también puede significar una montaña de reestructuración y trabajo. El reajuste requiere mucha energía, pero se asentará y se convertirá en la norma. Te deseo mucho éxito y fuerza en esto y me parece maravilloso que emprendas este camino. Por tu hijo, por ti, por toda tu familia.